꽃처럼 좋은 ______________ 님께

이 책을 드립니다.

꽃살이 일흔 살이면 꽃이지!

꽃살이 일흔 살이면 꽃이지!

소중애 그림 에세이

거북이북스

서문

나는 엄청나게 귀한 사람여!

후배들은 죽어서 소중애로 태어나고 싶다고들 말혀.
내가 부럽댜.
근디 말여, 내가 못마땅해서 끌끌끌 혀를 차고
비난하는 사람이 있어.
그게 누군지 알어? 바로 나여. 소중애.

"그것도 못 하냐?"
"좀 더 잘할 수 있었잖아."
"너 바보야? 또 이런 실수를 하게."

나를 눈치 보게 하고 좌절케 하는 것은 바로 나였어.
반세기 넘도록 칙칙하게 살아온 인생였어.
칠순이 가까워지면서 나는 마음을 고쳐먹었어.

"날 미워하지 말자."

"내가 나를 위로하지 않으면 누가 할 겨?"
그리 마음먹으니까 웃을 일만 있어.
"이런 사소한 실수를 또 하다니……,
소중애 넌 천재가 틀림없어."
"에잇, 깜찍한 것. 해 놓은 것 좀 봐. 엉망이잖아."

하하하하.
칠순까지 잘 살았다 싶어 선물도 했지.
한 달 꽃살이 가서 벚꽃 아래를 타박타박 걷고,
도화 밑을 옷깃 펄럭이며 달렸어.
생각해 보니,
나는 엄청나게 귀한 사람였어!

소중애

1장

2장

3장 

4장

1장

나이의 마디

나이의 마디

서른 살이 되었을 땐 참 좋았어.
그땐 서른이라는 나이가 아주 많은 나이로
앞에서는 결혼 이야기가 금지되었지.
뒤에서만 수군거렸어. 그게 참 편하고 좋더라고.
쉰 살은 기분 언짢았어.
"야, 어디서 쉰내가 난다."
놀리는 어른들이 있었거든.
이제 일흔!
갑자기, 근거도 없이 좋았어.
"내가 일흔여!"
환갑에 나는 나에게 콩알이를 선물했는디,
일흔 살에는 무엇을 선물할까?
…….
일흔 살이면 꽃이지!
오래 살면 좋은 생각이 번개처럼 번쩍하기도 하지.

얼훚여!

인생도 골라 빼고 골라 넣는다면

남쪽으로 한 달 꽃살이 갈 겨.
짐을 꾸리고 보니 너무 많어.
이것 빼고 저것 빼고, 필요한 것만 다시 골라 골라.
살아온 인생도 이렇게 골라 빼고 골라 넣는다면
완벽할 텐데…….

인생 BOX

콩알이 타고 GO

가다 쉬다 가다 쉬다.
일흔 살에 무리할 건 읎어.
4시간 만에 진해에 도착했어.
여좌남로 18, 4층.
아! 1층에 카페가 있네.
커피 향은 공짜구먼.
나이를 먹으면 별것이 다 감사혀.
진해여중, 여고 학생들이 오가며
재잘거리는 모습도 보기 좋구먼.

완벽해!

방이 두 개. 커다란 욕조가 있는 넓은 화장실.
벚나무 위로 나 있는 커다란 창문이 세 개.
완벽해!
쪼르르 내려가 화분을 들고 올라왔어.
아파트에 놔두고 오면 외로운 것 같아 가져온 난 화분여.
나이를 먹으며 남의 외로움도 알게 되지.
신발장 위에 화분을 놓으니 더욱 완벽해진
한 달 꽃살이 내 집이 되었어.

UN이 정한 해

바닷가 횟집에서 칠순 잔치했어.
칠순 잔치가 벌써 다섯 번째여.
코로나 때문에 네 명이 모여 밥 먹으면 그게 칠순 잔치여.
재간둥이 후배가 말했어.
'올해는 UN이 정한 소중애 칠순 잔치의 해'라고.
흥겹군.
(그 후로도 칠순 잔치는 15회 이어지고, 12월 말까지 계속됨.)

무섭지 않아유?

"무섭지 않아유?"
혼자 꽃살이 하는 나에게 가장 많이 묻는 말이었어.
어렸을 때, 오랫동안 학교 일본식 관사에서 살았어.
신데렐라 언니 같은 언니들은 교묘한 게임으로
나를 지게 만들어 교문 밖에 있는 가게에
심부름을 보내곤 했어.
학교에는 귀신들이 많잖어.
달걀귀신,
빨간 종이 파란 종이 귀신,
슬리퍼 짝짝 끌고 복도를 다니는 귀신,
교실 귀퉁이에서 우는 귀신,
풍금 치는 귀신.
거기다가 교사 사이와 운동장은 무지무지하게 깜깜했어.
노래를 빽빽 부르며, 간혹 찔끔찔끔 울면서 심부름 다녔어.
그래서 단련되었나 봐. 나는 혼자 있는 것이 무섭지 않어.
나쁜 경험은 읎다는 것이 내 생각여.

기다릴 줄 아는 나이

커피 냄새에 잠에서 깨어 창문을 여니
터질 듯 말 듯 오금 저린 벚나무가 눈 아래여.
꽃망울 속에는 꽃이 들어 있지. 향기도 들어 있지.
성급하게 헤집어 봐도 꽃을 만나지는 못혀.
성급하게 헤집고 킁킁거려도 향기는 읎어.
기다려야 하는 겨.
일흔은 기다릴 줄 아는 나이여.

지치지 않는 길

여좌천 데크 길을 두 번 오가고,
생태 공원 호수를 세 바퀴 돌고,
편의점 가서 생수 사 가지고 들어오니 만오천 보 걸었네.
걷는 줄도 모르고 걸었는디.
설렘은 일흔 살 나이도 날게 하지.

사상누각

집에 올라가다가 1층 카페 앞에서 잠깐 멈춰 섰어.
Cafe. SAND
SAND면 모래 아녀? 그럼 내 집은 모래 위의 성?
사상누각(沙上樓閣)여?
나이를 먹으며 좋지 않은 뜻도 좋게 다독일 줄 알어.
모래 같은 인생여. 즐겁게 지내라는 뜻이구먼.

허망함

오늘은 잠깐, 허망함에 관한 생각을 했어.
이름이 소중애(蘇重愛).
무거운 사랑을 찾는다는 뜻인디 여태껏 못 찾았잖어.
엎친 데 덮쳤어.
호가 포영(抱影)여. 그림자를 안는다는 뜻이지.
허망함을 흔들었구먼.
나이를 먹으면 가끔은 세상이 허망할 때가 있지.
오랫동안 나를 데리고 살아온 나는
허망함을 물리치는 비법이 있어.
뜨거운 물에 몸을 담가 허망한 물 우려내기.
때려 부수는 영화 보면서
허망함 따위가 얼마나 사치스러운지 알기.
성공한 사람들 이야기를 읽으며 각성하기.
이 세 가지 방법은 언제나 먹혀.

농담 1

"왜 결혼을 안 하셨어요?"

사람들은 조심스럽게 묻지.

"집안에 유전병이 있어서요."

물은 이는 당황하고 민망해서 쩔쩔매지.

"구제역이라고요."

(혹시 웃음 포인트를 못 찾아 심각한 사람에게 설명하자면,

성이 소가라서 하는 말이었음.)

그제야 농담인 줄 알고 얼굴 펴고 입 벌리고 웃지.

어떤 이는 당황했던 것이 화가 나서 이런 말도 뱉더구먼.

"어디 구제역만 있어요? 광우병도 있잖아요."

하하하하하.

진해역

천재여

후배가 원해루에서 저녁을 먹자 하네.
나일 먹으면 그저 걸어야 혀. 집에서 출발.
진해역 앞에서 꺾어서 죽 걷다가 중원 로터리에서 10시 방향.
자신 있게 걷는디 후배에게서 전화가 왔어. 왜 안 오냐고.
정신 차려 보니 아까 떠났던 진해역 앞여.
로터리에서 비이이잉- 한 바퀴 돌은 겨.
건망증? 치매? 아녀, 아녀.
천재여. 이렇게 사소한 실수들은 천재들이나 하는 짓여.
내 나이 일흔여. 내가 나를 위로하지 않으면 누가 할 겨.

원해루

6·25 때 중공군 포로 출신이 개업한 중국 음식점여.
초대 대통령도 즐겨 찾았다는 역사와 전통이 있는 집인디,
새우 볶음밥과 삼선 짜장, 탕수육이 죽여 줘.
중국 음식은 맛은 있으나 몇 가지 단점을 가지고 있잖아.
느끼하고 소화 안 되고.
원해루 음식은 그런 단점이 하나도 읎어.
맛 좋고 담백하고 소화 잘되어서
매일매일 가서 먹고 싶은 집여.
꽃살이 동안 배에 꽃살찌게 한 집이지.

내 입맛을 아는 나이

작은 프라이팬을 가져온 것은 정말 잘한 일여.
배추 한 통 사다가 메밀전을 부쳐 먹었어.
심심한 듯, 부드럽고 달착지근한 배추전을
세 장이나 먹었더니 세상 행복하네.
무엇이 맛있는지, 무엇이 내 입맛에 맞는지 아는 일흔여.

껌야, 껌

날씨가 갑자기 추워졌어. 봄날의 변덕이지.
꽃샘추위라고도 하지.
집 떠나 만나는 추위는 강도가 3배나 커서
몸과 마음이 위축되지.
우울해지고, 머무는 도시가 싫어지고, 집을 그리워하게 되는
향수병 때문에 여행을 포기하는 사람들이 많아.
추운 날씨에 두꺼운 양말을 신고, 모자 달린 패딩 점퍼를 입고
진해, 마산, 창원을 돌아다녔어.
종일 돌아다니고 밤에는 1인용 전기담요 온도를
높이고 잠을 잤어.
따뜻하고 편안하니 창문을 흔드는 꽃샘바람? 향수병?
껌야, 껌.

음식물 쓰레기통

진해엔 음식물 쓰레기통이 집집마다 있는디
당최 어떻게 사용하는지 모르겄어.
편의점에서 칩을 샀는디 그걸 쓰레기통 위에
꽂아 내놓는 것 같더라구.
그건 알겠는디 음식물 쓰레기를 그냥 통에 쏟는 것인지,
비닐에 싸서 넣는 건지,
또 통은 언제 어디에 내놓는 건지 알 수가 없었어.
창원 사는 문인들이 놀러 왔어.
그래 물었더니 아, 이 여자분들 보소.
다른 식구들이 음식물 쓰레기를 버리기 때문에
모른다는 거야.
그러고는 이야기가 문학 쪽으로 넘어가
고상한 말들이 오고 가더라고. 심통 나서 내가 소리쳤네.
"아, 그렇게 유식한 사람들이
음식물 쓰레기 버리는 방법은 모른단 말여?"
우리가 가끔씩 만나는 딜레마여.

진상, 억지 부리기

후배가 칠순 기념으로 화보집을 만들어 줬는디
생각지도 못한 선물에 입이 귓가에 걸렸어.
이 후배하고는 팔라우, 팔라완 등지로
스노클링 여행도 함께 갔었기 때문에 사진이 다채로웠어.
대담하게 벗은 내 등판도 나오고 말야.
좋으면서도 괜히 트집 잡는 노인들 있지?
내 안에도 그런 노인이 있더라고.
'그녀는 예뻤다'
화보 제목 가지고 트집을 잡았어.
"예뻤다가 뭐여? 과거형이잖어.
그럼 지금은 안 예쁘다는 거여? 서운허구먼."
이 이야기를 하고 또 했더니 후배가 두 손을 반짝 들었어.
"알았어요. 칠순 잔치한 것이랑 꽃살이 사진으로
한 권 더 만들어 드릴게요."
히히히.
그래서 화보를 한 권 더 선물 받았다는 치사한 이야기여.
억지 부려 원하는 것을 획득하는 짓이 잦아지면 진상이 되지.

버릇되지 않게 조심해야 해.

말하고 나니 내로남불이네.

(그해 봄날, 인생은 아름다웠노라. 두 번째 화보집 제목여.)

칠순 나비

광양에 소문난 매화를 보러 갔어.
어이쿠. 살다 살다 이런 꽃은 첨 봐.
온통 매화로 뒤덮여 있는디 그 아름다움, 감동은
내가 가지고 있는 낱말로는 표현 못 혀.

그저 꽃을 보고 있는디 내가 나비 되었네.
꽃 위를 파닥이며 날아다니는 겨.
훨훨, 훨훨.
칠순 나비가 되었네.

조마조마

꽃은 터질 듯 말 듯.

꽃봉오리를 내려다보고 올려다보고, 간질간질.

금방 터질 폭죽처럼 조마조마.

너무 일찍 왔나? 3월 말에 만발한다는데 3월 7일 날 왔으니.

쫄밋쫄밋.

하루하루가 그랬어.

이게 혼자 사는 사람의 단점여.

"조바심 내지 말고 좀 기다려 봐."

옆에서 말려 주는 사람이 없거든.

그래서 스스로 마음 다독거리는 방법을 터득해야 혀.

전생에 꽃?

이원수 문학관에 가서 점심도 얻어먹고
문학관 뒤 공원에 놀러 갔지.
공원에는 진달래, 백목련, 자목련, 동백, 개나리 함께 피어
꽃에 대한 갈증을 달래줬어.
전에 누가 육갑을 짚어줬는디
도화살이 두 개나 끼어 있다고 하더니
전생에 꽃이었나?
왜 이렇게 꽃을 밝히는지 나두 모르겄어.

2장

천국 이미지

천국 이미지

볼리비아에 가면 4천 미터 고원에 우유니 소금 호수가 있어.
호수가 온통 소금여.
내가 갔을 땐 전날 비가 와서 소금 위에 물이 깔리니 사람이
서 있으면 그것이 반영되어 신비로웠어.
그곳을 걸어가는 사진이 있는디
파란 하늘에 흰 구름 속으로 걸어가는 모습이
꼭 천국을 향해 걷는 것 같았어.
그때, 생각했었어.
글을 쓰다가 천국을 묘사하게 되면 이 장면을 쓰리라.
광양에서 매화가 능선을 뒤덮고 있는 황홀한 모습을 보고
또다시 생각했어.
글을 쓰다가 천국을 묘사하게 되면 이 장면을 쓰리라.
내겐 천국 이미지가 두 개나 생겼어.

좋은 친구

남도 지방 별미라네.
동태 배를 갈라 펴서 튀김옷 입히고
달걀 물 덧입혀 지진 통동태전을 먹었어.
짜지 않고 달지 않고 부드럽고 딱 내 입맛이었지.
안주가 이리 좋은데⋯⋯ 맥주 한 깡을 비웠지.
좋은 안주에 좋은 술은 긴 세월 함께 가는 좋은 친구여.

묘비명

오랫동안 즐겼으니 술에 대한 어록 몇 가지 없겠어?
후배가 옆에 맥주를 쌓아 놓으며 걱정하대.
“술이 너무 많은가요?”
그래 대답했지.
“내 사전에 술이 부족하다는 말은 있어도 많다는 말은 없어.”
내친김에 내 묘비명도 만들었지.

이제 남은 술은 자네들이 마시게나

내가 봐도 참 멋진 묘비명여.
술은 허세가 많어.
내가 이런 말을 한다고
맨날 고주망태로 살아가는 것은 아녀.

이제 남은 술은
자네들이 마시게나
소중애

일흔 살에 보탠 음식

여좌천 옆 골목에 있는 꾸시 식당 아귀찜은 참 맛있어.
아귀는 부드럽고 콩나물은 아삭했지.
밑반찬도 입에 짝 맞았는데 그중 명태 껍질 튀각 무침이 최고여.
어찌나 맛있던지 아귀찜 나오기 전에 다 먹어버렸어.
더 달라고 하니깐 미리 무쳐 놓으면
튀각의 바삭한 맛이 사라지기 때문에 상이 나갈 때마다
조금씩 무쳐 내온다는 거야. 아쉬움이 많았지.
내 나이 일흔여.
19살부터 독립해서 살았으니 음식을 오랜 세월 했다는 이야기지.
잘한다는 것은 아니고 내 입맛에는 먹을 만하다는 이야기여.
아쉬움이 많은 음식은 집에서 해 먹어야지 뭐.
명태 껍질 튀각에 파프리카 색깔별로 곱게 썰어 넣고,
미나리, 마늘, 파, 깨소금, 고춧가루 넣고 식초는 조금.
다 무친 다음 한 입 먹으니, 새콤, 달콤, 아삭, 바삭!
우왁왁왁. 꾸시 아귀찜 집보다 훨씬 낫다, 훨씬 나.
일흔에 새로운 음식 하나 더 보탰네.

유쾌한 혼술

TV로 고독한 미식가라는 프로를 봤어.
와, 그 능청과 그 다양한 표정,
보고 있으니 침이 저절로 넘어가더라고.
냉장고로 달려갔어. 이미 저녁 식사는 했으니…….
모히토! 창원 후배는 내가 만들어준 모히토를 사랑해.
그래서 준비해 왔거든.
컵에 토닉 워터를 그득 따른 다음, 보드카를 소주잔으로
한 잔 넣고, 거기에 레몬을 두어 조각 넣어.
그리고 얼음을 잔 위로 올라올 정도로 넣으면 끝.
잘 저어 마시면 환상적인 모히토가 되지.
박하를 넣으면 더 좋은데…….
나는 텃밭에서 박하를 기르는데 아직은 싹이 트지 않았어.
모히토를 앞에 두고 앉아 고독한 미식가처럼 마시기 시작했어.
표정 풍부하게 지으며 마셨어.
모히토를 즐겨 마셨던 헤밍웨이 표정도 상상하며 흉내 냈지.
유쾌한 혼술였어.

혼자 살아도 파는 넣어 먹는다

나는 예쁘게 화장하고 옷 갖춰 입으며
호호호 내숭 떠는 그런 타입은 아녀.
선머슴애에 가깝지.
바짝 자르고 다니는 머리카락 때문에 더욱 그래.
그래서 항상 듣는 질문이
"밥은 해 잡수세요?"
였지.
"난 하루 세끼 다 해 먹어요."
"김치도 담가 먹어요?"
"물론이죠. 젓갈도 담가 먹어요."
세상에 억울한 일도 있었어.
시장에서 대파를 사 오는데, 아는 여자를 만났어.
그녀는 깜짝 놀라 외치더군.
"어머, 혼자 사는데도 음식에 파 넣고 해 먹어요?"
이게 말여 방구여.
혼자 산다고 파도 못 먹나 하고 삐쳤는데 다시 생각하니

파도 안 넣고 대충 한 음식을 먹는 그 집 식구들이
불쌍하더라고.
나는 혼자 살아도 배달 음식 안 시켜 먹고
나는 혼자 살아도 양념 다 넣어 제대로 음식을 만들어 먹어.
나는 귀하니까 말여.

김장 김치 같은 삶

김장 김치는 대단혀.
그냥 먹어도 볶아 먹어도 국 끓여 먹어도
그 맛이 다 다르고 좋아.
절인 배추가 온갖 양념과 한데 어우러지면서
시간과 함께 익어서 그럴 겨.
꽃샬이 오는 데도 김장 김치를 가져와 지져 먹고 볶아 먹고
술국 끓여 먹었어.
삶도 김장 김치 같다는 생각을 혀.
살면서 겪은 온갖 일을 한데 버무리고 시간으로 익힌 일흔여.
그래서 맛있는 삶이지.

팡!

"팡!"

꿈인가?

잠자리에서 뛰쳐나가 창문을 여니 벚꽃 봉오리가 터졌네.

팡! 팡! 팡!

세상이 다 환하구먼. 꽃구름 위에 서 있는 것 같어.

내게 천국 이미지가 또 하나 생겼어!

가슴 가득 꽃

벚꽃을 머리 위에 두고 걸었어.
새벽에도 걷고, 아침에도 걷고, 낮에도 걷고, 밤에도 걸었어.
꽃을 보러 왔잖어. 내가 너를 보러 왔잖어.
아낌없이 봐야지.
마치 나를 위한 듯 15일 먼저 꽃을 피웠으니
맘껏 보고
즐기고
사랑할 겨.
내 가슴 가득 꽃이여.

선물 만족

“팡! 팡! 팡!”
벚꽃은 한꺼번에 터지지 않어.
매일매일 터져. 그래서 더 좋구먼. 증말 좋구먼.
워떻게 이런 선물을 스스로 줄 생각을 했을까?
잘 왔어. 일흔 선물, 만족혀.

벚꽃 집중

학자처럼 연구하자는 것은 아녀.
좋아하는 것은 자꾸만 쳐다보게 되잖어.
여행 다녀와서 휴대전화에 유난히 많이 찍힌 사람이 있으면
그 사람은 내가 좋아하는 사람인 것이랑 똑같은 겨.
벚꽃을 이리 보고 저리 보니 유난히 하얀 것도 있고,
볼그레한 것도 있고, 많이 볼그레한 것도 있어.
그런 꽃들이 한데 어우러져 있으니 장관이지.
꽃잎은 다섯 장, 어떤 것은 여섯 장인디
꽃잎 끝이 입술 가운데처럼 살짝 들어간 것도 있어.
앙 깨물어 주고 싶을 만큼 귀여워.
에그그, 예쁜 것! 눈을 뗄 수 없도록 좋은 것!

상처에 피는 꽃

벚나무에는 옹이가 많아.

그 많은 옹이 주위에도 벚꽃이 피었어.

불거지고 검어진 옹이를 쓰다듬듯 피어 있는 벚꽃이 예뻤어.

'상처도 아름다운 꽃을 피우는구나.'

나는 그것을 승화라고 생각했어.

춘추 벚꽃

여좌천 옆에는 생태 공원이 있는데
거기에서 춘추벚나무 꽃을 처음 봤어.
겨울이었는데 손톱만 한 꽃을 몇 개 매달고 있더라고.
겨울 벚꽃이라니……. 신기하기도 하고 안쓰럽기도 했지.
뭐 하러 겨울에 꽃을 피우느라 저 고생일까? 했지.
날이 따뜻해지니깐 춘추벚나무 꽃이 제대로 피었어.
푸짐하게 피었는데 꽃의 생김새가 여느 벚꽃하고 좀 달라.
자고 일어나 빗지 않은 아이의 머리카락처럼
흐트러졌는데 개성 있고 매력적이었어.
튀면서도 어우러지는 멋짐이 있었어.

아름다운 DNA

왜 꽃을 보면 좋은지 몰러.
나만 그런 건 아녀. 꽃 싫어하는 사람을 본 적이 없어.
인간 DNA 속에는 꽃 사랑이 있는가 벼.
장터나 마트에 가면 한쪽에 꽃 파는 사람이 꼭 있어.
장보기가 끝난 사람들은 꽃을 사거나,
꽃나무, 구근 등을 사 가지.
그게 장보기 마침표여. 아름다운 마침표지.

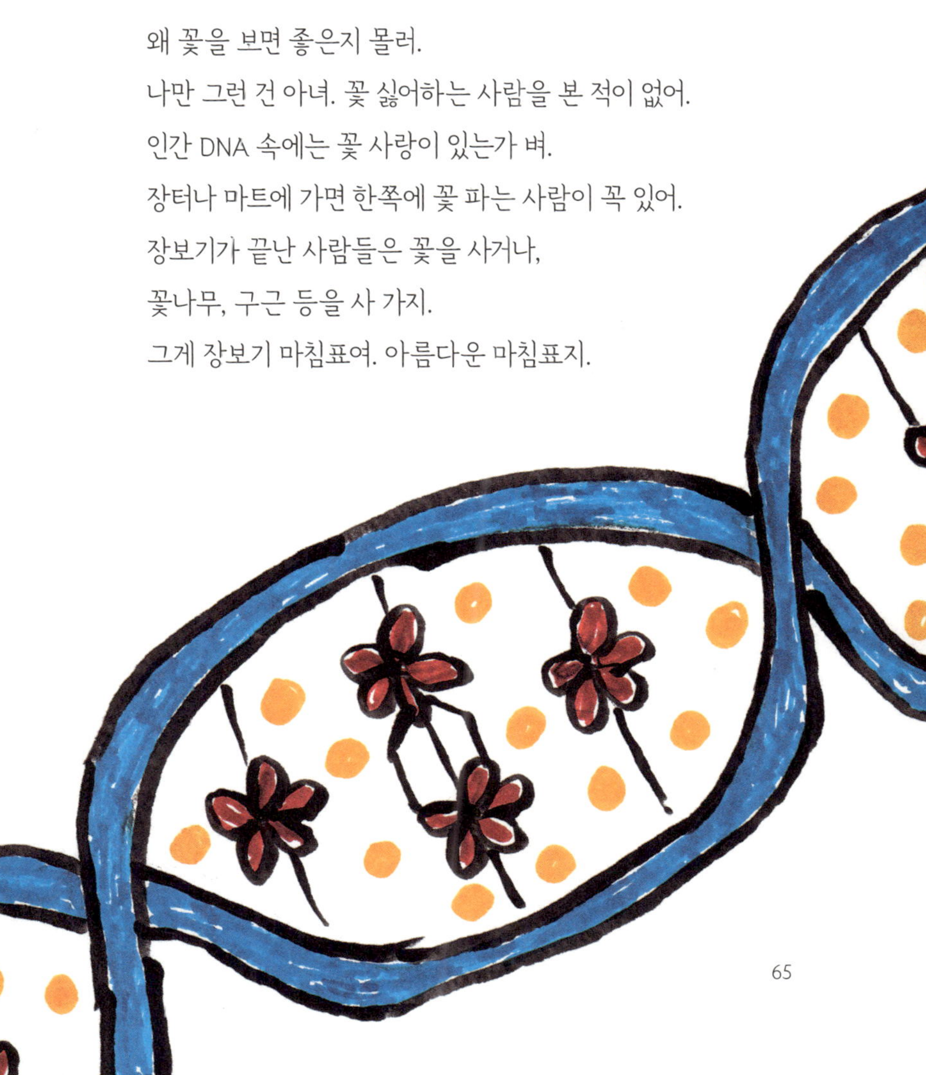

자연스러운 일

경남 고성에는 동시동화나무의 숲이 있어.
진달래, 수선화, 닥나무 꽃이 한창여.
조금 있으면 수백 송이 수국도 필 거여.
꽃을 향해 꽃처럼 활짝 열렸던 내 두 눈에
취나물이 포착되었어.
그 자리에 쪼그리고 앉아 취나물을 뜯기 시작했지.
일흔 살에 나타나는 자연스러운 일여.

내가 지켜볼 겨

동시동화나무의 숲에는
산신령 같은 배익천 선생님이 있지.
동화작가인데 머리가 하얗고
숲과 하나가 되어 살아가니 영락없는 산신령여.
숲을 꽃동산으로 가꾸더니
작년부터는 산자락에 털머위를 심고 있더라고.
배 선생님이 털머위를 심어 놓고 돌아서면
고라니가 와서 싹둑 먹어 치우고
또 심으면 싹둑 먹어 치우고…….
근디 올해 또 털머위를 심고 있는 거여.
그걸 보고 생각했네.
누가 이길까?
…….
내가 지켜볼 겨.

사탕이 아니라 사랑여

송 선생님은 세상 부러운 분여.
요즘은 선생님에 대한 존경심이 눈곱만치도 읎잖어.
근디 송 선생님은 할머니들의 사랑과 존경을
한 몸에 받고 있어.
맛있는 것 있으면 송 선생님 책상 위에 가져다 놔
주전부리가 수북했어.
강의 갔는디 그게 그렇게 부럽더라구.
선생님이 사탕 하나를 집어 주기에 먹었는디
그건 사탕이 아니었어.
사랑이었어.

날씨가 뭔 상관!

주남 저수지 둑길을 걸었어.
바람 불고 빗방울 한두 개 툭툭 떨어졌어.
난 날씨에 맘 안 써.
일흔 해를 사는 동안 궂은 날이 얼마나 많겠어.
그때마다 짜증을 부리고 우울해했다고 생각해 봐.
얼마나 많은 세월을 쓸데없이 낭비했겠어.
날씨, 뭔 상관여—

물고기도 웃을 일

주남 저수지에 물고기들이 몰려다니네.
물속에 있으니 비가 온들 뭔 상관이겄어.
문득 사진 같은 장면이 생각나 웃었네.
해수욕장 물속에서 놀던 사람들이 소나기가 쏟아지면
손으로 차양을 하고 바다에서 나오는 거야.
허둥지둥 해안가 그늘집이나 가게 처마 밑으로 뛰어 들어와
비를 피하는 거야.
그 모습은 볼 때마다 참 웃겨.
주남 저수지 물고기도 그 광경을 본다면 나처럼 웃을 겨.

살이 문제지

돌짜장을 먹었어.
돌판 위에 각종 해산물과 함께 짜장면이 지글지글 끓으며
기세등등하게 내 앞에 놓였지.
후배랑 둘이서 배도 고팠고 맛도 좋아서 허겁지겁 먹었어.
다 먹고 벽을 보니 중짜(2만 원)를 혼자 먹으면
50% 깎아 준다네.
아쉬웠어.
그 정도는 혼자 뚝딱 먹어 치울 수 있었는디…….
나일 먹어도 식욕과 식사량이 줄지 않는 것은 축복여.
살이 문제지…….

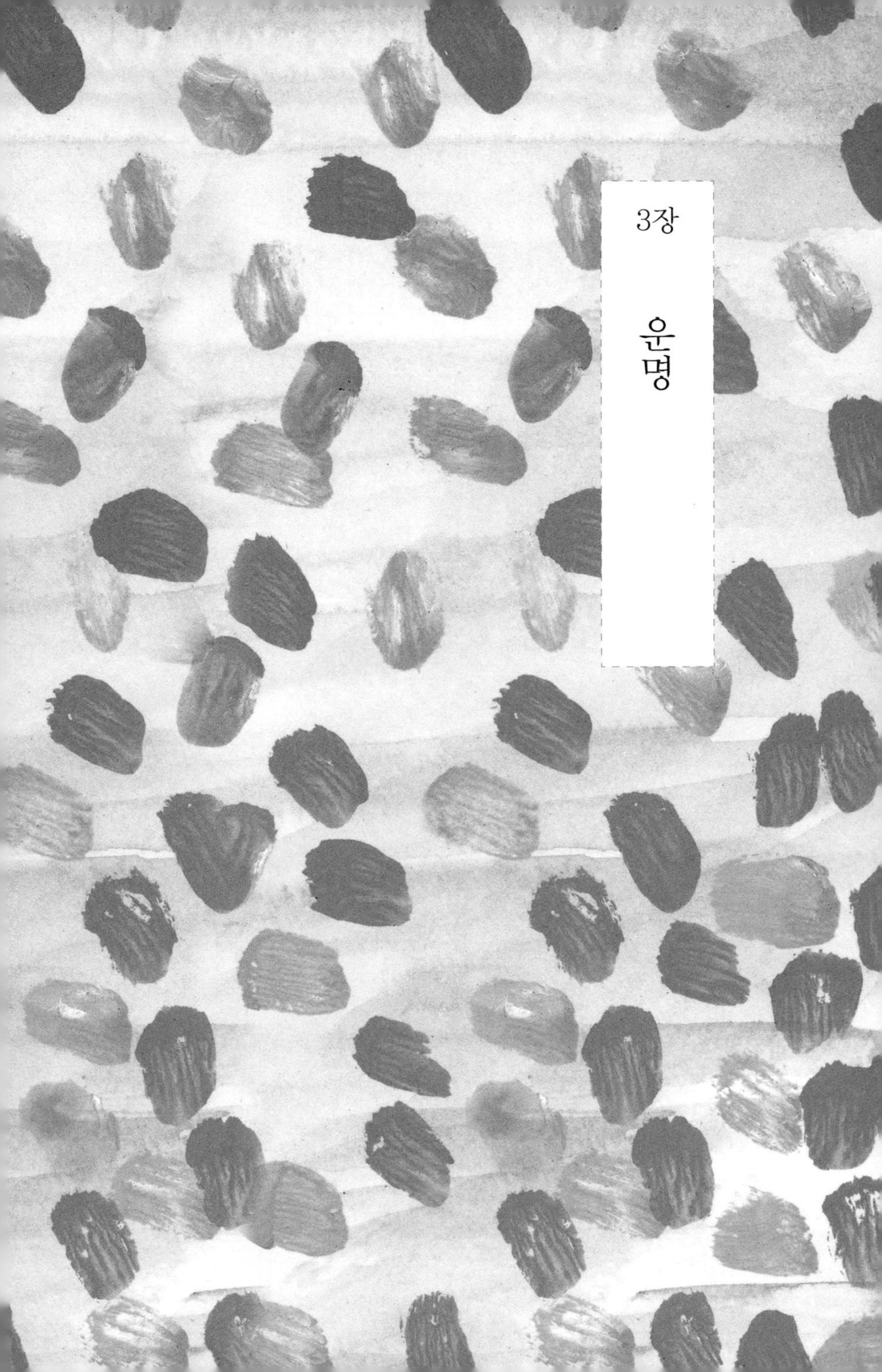

3장 운명

운명

메밀전 부쳐 먹고 남은 배추 겉대를 가지고
거북이 사하라를 만나러 갔어.
사하라에서 사는 거북이인데 이름이 사하라와 홍해야.
내가 지어줬어.
배추 겉대를 주니 와작, 와작 침 넘어가게 잘 먹네.
참 얄궂은 애들여.
사하라 사막에서 수억만 리 함께 왔다는디 둘 다 수놈이여.
거기다가 지금 사는 곳은 모래 한 알 없는 숲속이여.
동물이나 사람이나 알지 못할 힘에 휩쓸려 갈 때가 있지.
그것을 운명이라고 하던가?

일흔의 꿈

동시동화나무 숲에는 내 나무가 있어.
나 말고도 아동문학가 200여 명의 나무가 있지.
나무 아래에는 작가 이름과 작품 이름을 쓴
동그란 바위가 놓여 있어 보는 즐거움이 있어.
내 나무는 오리나무여.
옛날에 이정표로 오 리마다 심었다는 설이 있지.
오리나무는 동화작가로 길을 잃지 말자는
내 마음에 심은 이정표였어.
이번에 가 보고 생각했네. 좋은 동화 많이 쓰자.
그럼 누군가 내 평전에 동화의 이정표가 된
소중애 작가라고 쓰지 않겠어?
웬 욕심이냐구?
일흔에 가진 꿈이라고 생각혀.

분명 노점상은 아녀

코로나 때문에 군항제가 취소되었지.
여좌천 주변에 차량이 통제되고
밤이면 가로등을 꺼서 사람들이 오는 것을 막았어.
그러나 나처럼 벚꽃 보려고 한 달 작정하고 온 사람은
막을 길 없고, 주말에 몰려드는 사람들을 막을 길은 없어.
여좌천 주변에 노점상도 금지했는데
오호, 카페 앞마당에 3개의 노점상이 들어섰네.
울타리 안에 있으니 분명 노점상은 아녀.
절묘하구먼. 반짝반짝 빛나는 사업가의 머리.

품은 생각이 얼굴을 말하지

아무런 간섭도 받지 않고
여좌천 데크에 누워 꽃을 올려다보고 싶어.
누워서 꽃을 올려보다가
시나브로 잠이 들면 얼마나 좋겠어.
가슴에 품은 생각이 얼굴을 말하지.
요즘 거울 속 나는 매일매일 웃고 있어.

지정석

1층 카페에 갔어. 커피 한 잔 시켜 놓고 벚꽃을 바라보았지.
매일매일 커피 향만 공짜로 맡아서 미안한 마음도 있었지.
커피는 값도 비싸지 않고 맛있었어.
앉아서 오가는 사람도 보고 벚꽃도 보니 편안하고 좋았어.
영국 에든버러에 가면 코난 도일 카페가 있고
쿠바의 오비스포 거리에 가면
헤밍웨이가 매일같이 모히토를 마시던 카페가 아직도 있지.
노트북 들고 내려와 카페에 앉아 커피도 마시고
벚꽃도 보며 글 쓰면 좋을 거야.
훗날 내가 유명해지면
'소중애 지정석'
명패가 생길지도 몰라.
…….

그 후로 한 번도 커피 마시러 카페에 내려간 적이 없어.
가성비가 감성비를 이긴 거야.
집에서 내려 마시는 커피는 카페 못지않게 맛있고
값도 엄청나게 싸거든.
일흔 살여. 한꺼번에 다 바꾸기는 어려워.

축복받은 땅

축복받은 땅여.
가는 곳마다 활짝 핀 벚꽃이 도열해 있어.
거기에 사람의 손이 한 수 얹었네.
가로수가 동백나무여. 동백나무 뒤에는 벚나무여.
동백꽃과 벚꽃이 함께 피어 있어.
환상적인 콤비구먼.
축복받은 땅여.
가로수를 저렇게 심을 줄 아는 사람들이 사는 땅여.

죽어도 안심허겄어

내 주변에는 성당 다니는 분들이 많어.
이들의 좋은 점은 종교를 강요하지 않는다는 거였어.
근디 하루는 연세 드신 지인이
“이제 성당 다닐 때 되지 않았어요?”
하면서 외짝 교우(부부 중 한 분만 성당 다니는) 대상
한 달 속성반에 넣어 주셨어.
얼떨결에 끌려가 앉아 졸다가 세례를 받았지.
후에 들은 이야기인디
그 연세 드신 지인이 여러 사람에게 말했다네.
“소중애 세례를 받았으니 이제 소중애 죽어도 안심이 돼.”
내가 이렇게 사랑받고 사는 사람여.

냉담자

성당에서는 세례를 받고 성당에 안 가는 사람을
냉담자라고 부르는데 내가 18년 냉담자였어.
핑계는 있어. 18년 전 남미 배낭여행을 다녀오니깐
세례를 받은 성당이 없어진 거여.
재건축하느라고 성당을 부수고 어느 아파트 지하로
이사했다는 거여.
남미를 지도 한 장 가지고 돌아다닌 내가
그 성당을 찾지 못해 냉담자가 된 거여.
거짓말 같지만 참말여.
암튼 일흔 살이 되어 다시 성당을 다니기 시작했어.
딱히 개인적으로 부탁드릴 것이 없어
세계 평화와 주위 사람들 건강을 빌었지.
꽃살이 하는 동안에도 여좌 성당에 빠지지 않고 다녔어.
예쁜 꽃을 아주 많이 보게 해 주셔서 감사하다고 기도드렸어.
감사할 줄 아는 일흔여.

도화의 도발

잘못 간 길도 아름답다. 내 생각여.
내 생각이 항상 맞는 것은 아니지만 오늘은 딱 맞았어.
도화가 만발한 복숭아밭을 만난 거여.
세상이 온통 진분홍이었어.
도화는 요염하고 도발적이여.

벚꽃은 나를 걷게 하고, 도화는 나를 뛰게 만들어.
도화 잡고 뛰다가 찰칵찰칵 이리 찍고 저리 찍고.
나는 도화살이 두 개나 낀 여자여.
그러니 도화밭을 미친 듯 뛰어댕겨도 그러려니 혀.
일흔 살의 도화였어.

돌 사진

산청에 가서 수제 맥주를 사 왔어.
아귀포(이크, 중국산이네.)랑 콜라비를 안주 삼아 마셨어.
얼굴이 주름 하나 없이 빵빵해졌구먼. 주톡스여.
아침에 해장한다고 라면을 끓여 먹었더니 얼굴은 더욱 빵빵,
잔주름 하나 없는 거여. 라면 먹고 부은 것이니 라톡스여.
사진 찍어 남에게 보여 주며 돌 사진이라고 해도 믿을 것 같어.
나이는 내가 먹는 것이 아니라 남들이 정해 주는 거여.

영혼과 육체

왜관 성 베네딕도 수도원에 갔어.
진해에서는 먼 거리지만 파이프 오르간이 있다 하여
연주를 들으러 갔지.
그리고, 수도원에서 만든 수제 소시지가
기막히게 맛있다는 소문도 들었거든.
세례받는 신자들이 있어
파이프 오르간 연주를 들을 수가 있었어.
아하! 이래서 파이프 오르간이구나.
성가가 내 영혼을 잡고 흔들었어.
돌아오는 길에 수제 소시지를 샀는데
그건 내 육체를 잡고 흔들었지.

도시 배신

심사가 있어 KTX를 타고 서울로 가는 길.
천안을 지나가는데 도시가 뿌연 황사 속에 있는 거여.
꽃 한 송이 안 핀 회색 도시였어.
가슴이 답답해지면서 그곳에 사는 아는 얼굴들이
눈앞을 스쳐 갔어.
심사 끝내고 돌아가는 길.
천안을 지날 때 슬그머니 눈을 감았어.
내가 사는 땅 천안인디…….
사람이 도시를 배신할 수도 있구나.
씁쓸했지.
나이를 먹으면 환하고 좋고 마음 편한 것만 찾게 되지.
경계해야 할 마음여.

기억 왜곡

통도사는 대웅전으로 올라가는 길이
경기장 관중석처럼 긴 계단으로 되어 있었어.
비가 오면 그 계단을 타고 물줄기가 멋지게 넘쳤지.
그 사진을 보고 50여 년 전에 왔었는데
물이 안 흘러 절경을 놓쳤었지.
내가 기억하는 통도사여.
근디 어디에서 기억이 왜곡됐을까?
계단식 폭포는 기록도 없고 흔적도 없네.
70년 살았으니 보고 듣고 행동한 것들이 얼마나 많겄어.
그것들을 정리, 분류해야 하는디 그러질 못하니
기억에 혼란이 생긴 거여.
서운한 마음으로 경내만 몇 바퀴 돌았어.

농담 2

나일 먹으면 농담하기가 참 어려워.

잘못하면 썰렁하거든. 꼰대 개그라는 오명을 뒤집어쓰거든.

더욱 나쁜 것은 그 썰렁한 농담에 젊은 사람들이 예의상

웃어 주는 거. 나도 젊었을 때 많이 웃어 줘서 알어.

최악인 것은 그 웃음에 보답이라도 하듯 또 농담을 하는디

전에 했던 농담을 토씨 하나 틀리지 않고 다시 하는 거여.

그래도 웃어 줬어야 했어. 그래서 농담할 때는 조심스러워.

딩동. 심사할 책이 천안 집에 배달되었다는 알림이 왔어.

"천안에 다녀와야겠네."

했더니 후배가 이유를 물었어.

"머리 깎으려고."

머리 깎을 때도 됐거든.

"예? 머리 깎으러 천안까지 가요?"

"코로나 아니었을 때는 뉴욕으로 다녔어."

다행히 후배가 웃었어.

휴우—

안부

하루 4,400억 개의 이메일이 오고 간다.
근디 오늘, 거기에 난 읎었어.
미용실에서 염색약을 바르고 앉아 있는디
머리에 감은 비닐 랩을 보고 작은 아이가 물었어.
"할미, 아파?"
77억 1,660만 지구인 중에서
내 안부를 묻는 작은 목소리는 있었어.

소도둑

취나물을 무쳐 먹으려면 된장과 대파가 필요하잖어.
마트에서 살 수도 있지만,
냉장고에 물건 쟁여 두는 것을 경계하고 있었지.
고성 동동숲에 가서 대파 썰어 놓은 것 한 줌,
된장 한 수저를 가져왔어.
말 않고 가져왔으니 도둑질이지. 성이 소가니깐 소도둑여.
대파 한 줌에 소도둑은 좀 과하네.
암튼 취나물에 파, 마늘, 된장 넣고
조물조물 무쳐 맛있게 먹었어.
훔친 사과만 맛있는 건 아녀.
훔친 파 넣고 무친 취나물도 엄청 맛있었어.

성장 과정의 문제

자려고 누웠는데 대파 한 단 사서 먹을 만큼 놔두고
나머지를 고성에 갖다 줄걸 생각했어.
성장 과정에 문제가 있는 겨.
70년 전에 태어났으니 모든 것이 항상 부족했지.
참거나 아껴 쓰는 것이 뼛속까지 새겨진 거여.
그래서 그런지 가끔 돈을 써야 할 때도 모르고 생각도 안 나,
지갑을 못 열어 민망하고 후회하기도 하지.
일흔 살 나이가 그려.

감성비

이제 나이도 먹었으니 뼛속 가난을 떨쳐 버릴 때여.
사치하자는 것은 아니고
가성비 쫓아 머리 굴리고 물건 만지작거리지 말자는
생각을 한 거여.
가성비보다는 감성비에 우선순위를 두기로 했어.
감성비 우선.
나는 귀하니깐 내 감성도 존중해 줘야지.
일흔이잖어. 그래도 될 나이여.
그랬더니 세상이 즐겁고 환해지더라고.
한 달 꽃살이가 그 표징여.

끈

원적지에서 알지 못할 행정 우편이 왔어.
알고 보니 외할아버지가 남긴 자그마한 땅을
나보다 나이 적은 외삼촌 명의로 정리하는 것이었어.
엄마가 일찍 돌아가시고 집안이 어수선하니깐
외가와의 끈이 완전히 끊겼어.
그게 10살 언저리니깐 60년 만에 듣는 소식이었어.
외가 쪽으로는 꼭지 떨어진 오이처럼 살았는데…….
나에게도 이어진 끈이 있었구나.

거듭 생각해도 방통한 일

안면도 창기리에 사는 우리 외할머니는 딸딸딸,
딸만 셋 낳으셨어.
아들을 간절히 바랐던 할아버지는 작은할머니를 두셨는데
거기에서 나랑 동갑인 이모와 그 아래로 외삼촌이 태어났어.
내가 가면 할머니는 언제나 말씀하셨어.
"할아버지께 가서 인사하고 오너라."
할아버지 집에는 내가 좋아하는 연두색 배꼽참외가 있었어.
참외를 생각하면 가고 싶은 마음이 굴뚝 같은데,
거기엔 나랑 동갑인 이모도 있다는 게 문제였어.
"정수야."
내가 이모 이름을 부르기만 하면
할아버지가 벼락 치듯 큰 소리로 야단치셨거든.
어떻게 동갑인 정수 보고 이모라고 부르냐고.
6살인 내가 맞닥뜨린 생애 최대의 난제였어.
얼마 후 나는 이 난제를 해결했는데
'정수 이름이 이모라고 생각하자. 정수 이름은 이모야.'

생각하고 이모를 스스럼없이 불렀어.
잔머리는 아녀.
6살의 나이에 이런 생각을 하고 실천하는 데
며칠을 끙끙거렸거든.
암튼 그 후로는 배꼽참외를 실컷 먹었어.
행정 우편 덕분에 좋은 추억이 먼지 털고 나왔네.

4장

알 수 없었던 일

알 수 없었던 일

외할머니와 외할아버지는 한동네 살면서 왕래가 없었어.
그런데 이른 아침마다 뒷산에서 외할아버지가 소리쳤어.
"여게, 여게!"
그러면 외할머니는 물 한 바가지 뒷마당에 끼얹었어.
"저 영감 아침부터 왜 저런댜."
그때는 그게 무슨 일인지 몰랐는데
일흔이 된 지금,
아주 조금 외할아버지와 외할머니 맘을 알 것 같어.

소중애로 태어나겠다는 사람들

죽어서 다음 생에는
소중애로 태어나고 싶다는 사람들이 있어.
하고 싶은 일 다 하고 구름에 달 가듯
멋대로 살고 있다고 생각하는가 봐.
그런 면이 있기는 하지.
영화 한 편을 보러 가더라도 누군가 함께 가려고
날짜 잡고 시간 잡고 하는 귀찮은 과정을 싹둑 자르고
혼자 가 버리니깐.
매사가 이런 식이니 맘 편하지.

트라우마

세상 편하게만 살 것 같은 내게도 트라우마가 있어.
어머니는 오랫동안 앓다가 내가 8살 때 돌아가셨어.
어렸을 때 집에서 느껴졌던 집 안 공기의 무거움,
약 냄새, 죽음에 대한 무서움.
날이 갈수록 수척해지는 병든 어머니의 얼굴, 앓는 소리.
오랜 병상으로 인한 신경질과 짜증.
어머니에 대한 기억은 아픔이 되어 내 삶을 짓눌렀어.
지금도 누군가 아프다는 이야기를
하면 나는 진땀이 나고 아파.
극복되지 않는 트라우마여.

천주산 진달래

천주산 진달래를 사진으로 봤는데 입이 떠억 벌어졌어.
분홍 진달래가 산을 타고 흘러내리고 있었어.
그런데 그 아름다운 천주산 진달래를 놓치고 말았어.
진해까지 와 있는데 천주산 진달래를 놓치다니…….
백수가 과로사 한다고 이 일 저 일로 바빴어. 증말여.
아깝고, 아깝고, 아까워 내년을 기약하며 마음을 달랬어.

하늘 계단

실은 천주산 가까이에 가긴 갔었어.
그런데 밤에 도착했지 뭐여.
천주산 아래 카페에 들어가 차를 마시며 아쉬움을
달래는데 이 카페에 하늘 계단이 있는 거여.
난간 없는 계단이 하늘로 치솟고 맨 꼭대기에
문만 하나 있었어.
올라가 보니 밤하늘이 손에 잡힐 듯 가깝고
창원 시내 불빛이 크리스마스트리처럼 반짝였어.
후배가 사진을 찍어 줬는데 분명 그건 하늘 계단였어.
영화 〈지상에서 영혼으로〉 제목을 빌려 붙이고 싶은
계단이었어.
창원은 멋진 곳이 참, 많구나!

칠순 잔칫상

칠순 축하 케이크를 카톡으로 받았어.
요술램프에서 지니를 불러내듯 케이크를 불러냈어.
커피랑 빵이랑 기다란 도넛이랑.
먹고 싶은 것을 골라 주문하니
테이블 가득 잔칫상이 차려졌어.
고마워하면서 먹고 마셨어.
참 좋은 세상여—
오래오래 살면서 갚아야 하는디…….

견줄 것 읎어

날마다 꽃 잔치여.

이상 기온이라더니 진달래, 개나리, 동백. 도화, 벚꽃, 백목련,

자목련이 한데 피어 아름다움을 뽐내고 있었어.

아녀. 아녀. 그건 아녀.

아름다움을 견줄 건 읎어. 서로서로 다른 것뿐이지,

아름다움 문제는 아녀.

사람들도 마찬가지여. 나이가 다를 뿐이지.

젊어 좋고 늙어 나쁜 것은 없다는 이야기여.

바다 부자

가포 해변 공원 벚나무 아래에 앉아서
바닷물을 하염없이 바라봤어.
물멍은 아녀.
생각이 파도처럼 찰랑거리고 있었으니깐.
평생 서해를 사랑하며 살아왔어.
맑지는 않지만 많은 것을 키우는 엄마같이 따뜻한 바다.
썰물이 되면 까마득하게 멀리 달아나 애태우는 바다.
그게 서해여.
가포에서 바라본 남해는 밀물 썰물이 고만고만하니
바닷물이 넘실넘실 항상 풍족하구먼. 마음이 넉넉해지네.
애달플 것이 없는 바다여.
이제는 남해도 사랑할 것 같어.
서해와 남해를 함께 사랑하게 되니 나 이제 바다 부자여.
일흔에 얻은 행운여.

옳지 않아

물 나간 갯고랑에도 바닷물은 남아 있어.
작은 물고기들이 참새 떼처럼 우르르르 몰려갔다
우르르르 몰려오네.
훤히 들여다 보여.
둑에 서서 낚시하는 낚시꾼이 있어.
고기 떼 사이로 낚시를 던지는데 가짜 미끼야.
훤히 보이는 물고기 떼 한가운데에 던지니 가짜 미끼여도
심심찮게 물고기가 물려 나왔어.
저건 옳지 않아.
그래도 미끼 한 입 베어 먹고 잡히면 덜 억울할 텐데…….
살다 보면 저런 일이 있지.
입맛도 다시지 못하고 억울한 일을 당하는 것 말여.
건너편에서 낚시하는 모습을 보고 있노라니
마음이 괜스레 아팠어.

내 나이여

코로나 때문에 특별히 할 일을 못 하고
스트레스 받는 일은 없었어.
밖에 확진자가 많다 하면 집 안에서 며칠씩 안 나갔거든.
영화 보고 책 읽고 글 쓰고.
딱 한 가지 계획대로 못 한 것이 있기는 있어.
이스터섬에 가겠다는 계획이 있었거든.
모아이 유적을 보려고 말여.
이스터섬에 가려면 일단 칠레까지 가야 하는디 직항이 없어서
비행기 타구 이틀은 넘게 가야 혀.
몇 달이라도 젊었을 때 가야 할 거리여.
나이 관계없이 종횡무진 팡팡 날아다니지만
간혹 이렇게 나이를 염두에 둬야 할 때가 있어.
그랬다고 나이에 불만이 있는 건 아냐.
일흔도 내가 살아온 내 나이니 말이야.

나이가 들면 알겠지

아무도 없는 여좌천 데크에
까만 바탕에 배가 하얀 고양이 한 마리가 앉아 있어.
머리를 약간 들고 건너편 벚꽃을 바라보고 앉았어.
꽃을 보는가?
낭만을 아는 고양이구나.
미용실에서 시어머니가 데이트한다는 며느리가 말했어.
"징그러워 죽겠어요. 그 나이에 무슨……."
고양이도 낭만을 알고
연세 든 시어머니도 사랑한다는 것을 왜 모를까?
저 며느리도 나이가 들면 알게 되겠지?

이별이 어디 이뿐인가?

벚꽃잎이 떨어진다.
눈처럼 날린다.
벚꽃잎이 비를 맞고 떨어진다.
떨어진 꽃잎이 여좌천 물 따라 흐른다.
이제 떠날 때가 되었다고 말하고 있다.
슬프지는 않다.
일흔 나이에 이별이 어디 이뿐이었겠는가.
가슴 가득 기쁨을 담아 가니 그저 고맙고 고맙다.

낙화

떨어진 꽃잎이 데크 난간 구석구석 모여 있고
여좌천 블록 사이사이에 숨어 있네.
낙화지만 떠나고 싶지 않은가 보다.
나도 가기 싫은데…….

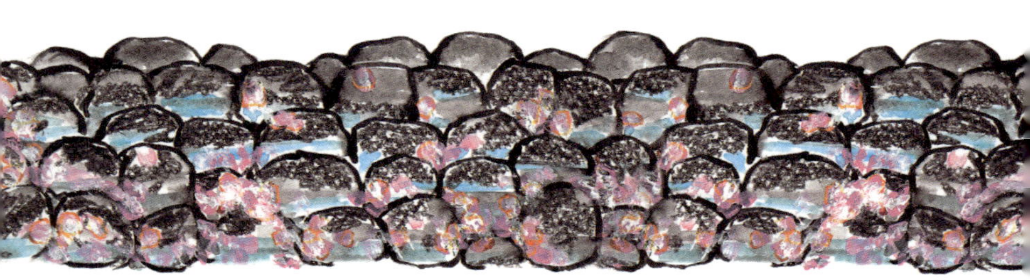

칠십 년 만에 해 본 생각

화장실 수납장에 창원 사는 후배가 칫솔을 놓고 갔어.
자주 와서 자고 싶다는 의지가 칫솔에서 풍겼지.
의지하고는 관계없이 한 달 동안 겨우 이틀 잤지만 말여.
칫솔을 돌려주려는데 마음이 이상혀.
이혼하는 사람들은 물건을 어떻게 나눠서 가져갈까?
칠십 년 동안 한 번도 생각하지 않았던 생각을 했어.
칫솔을 들고 말여.

이참에 시집 보내 줄까?

콩알이가 벚꽃잎을 뒤집어쓰고 있네. 이쁘구먼.
환갑 때 내게 와서 일흔을 함께 맞이하였으니
콩알이도 정서가 나와 비슷하지 않겠어.
몸에 붙은 벚꽃잎이 떨어질세라. 살살 달리자 하네.
콩알이, 너 참 예쁘다. 이참에 시집 보내 줄까?

가슴엔 깊은 그리움이

한 달 살았다고 이젠 동네가 익숙혀.
마트에 진열된 물건 위치도 알고 원해루 갈 때
로터리도 정확하게 돌 수 있어.
운동복 입고 슬리퍼 끌고 동네 사람 차림새로
여좌천을 걷고 생태 공원을 걸었어.
내 삶에서는 익숙해질 만하면 끝나는 것들이 참 많어.
그래서 가슴에 그리움이 깊은가 벼.

꽃들도 학원 다니는가 벼

꽃 떨어진 꽃자루가 붉다.
몸무게가 줄어든 콩알이를 몰고 집으로 향한다.
경상도를 벗어나자 꽃들이 반긴다.
어서 오라고, 꽃을 준비하고 기다리고 있었다고.
꽃들이 나를 인계인수한다.
꽃들은 같은 학원에 다니나 보다. 환영하는 방법을 안다.
길을 가운데 두고 아치를 만들었다. 늘어서서 손뼉을 쳤다.
천안 가까이 오니 이번에는 하얀 배꽃이 구름같이 떠 있다.
벚꽃이 신부의 유쾌한 들러리라면 배꽃은 진지한 들러리다.
한 달 꽃살이 자아알하고 돌아왔다.
내가 사는 천안도 꽃 대궐이다.

잘 놀기

잘 놀아야 혀. 모든 것이 다 갖춰졌다고 즐거운 것은 아녀.
일도 해야 혀. 일하는 사이사이에 노는 것, 그게 꿀맛여.
일해야 혀.
나? 나도 꽃살이 하는 동안 일 무지하게 했어.
다 못 쓰고 가져온 장편 동화 끝내고,
단편 두 편을 써서 발송했지.
심사를 두 건 했는데, 각 270장짜리 원고 25편 읽었고
책도 30권 읽었어.
(106권짜리니 1/3을 읽은 거여.)
경남, 충남, 경기에 강의를 3번 갔었어.
일하는 틈틈이 놀았으니 얼마나 그 맛이 달콤했겄어.
재미있게 놀려면 일을 해야 혀. 이건 진리여.

이건 사족여

문고리 잡고 뱅뱅 도는 사람들이 있어.
벌컥 밀고 나오면 되는디
그걸 못 하고 오만 가지 핑계를 다 대지.
그중 하나가 소중애는 딸린 식구가 없으니깐,
지 맘대로 여행 다닌다는 핑계여.
핑계는 핑계일 뿐여.
자, 심호흡하고
잡은 문고리 힘주어 밀어 봐.
누구에게나 처음은 있는 거여.
해 보는 겨.
일흔이잖어.
여기까지 오기도 쉽지 않았잖어.
그러니깐 우리는 굉장히 귀한 사람들여.
마음 기우는 대로 해 보는 겨.

다음은……

다음은?

다음은 어디로 떠날까?

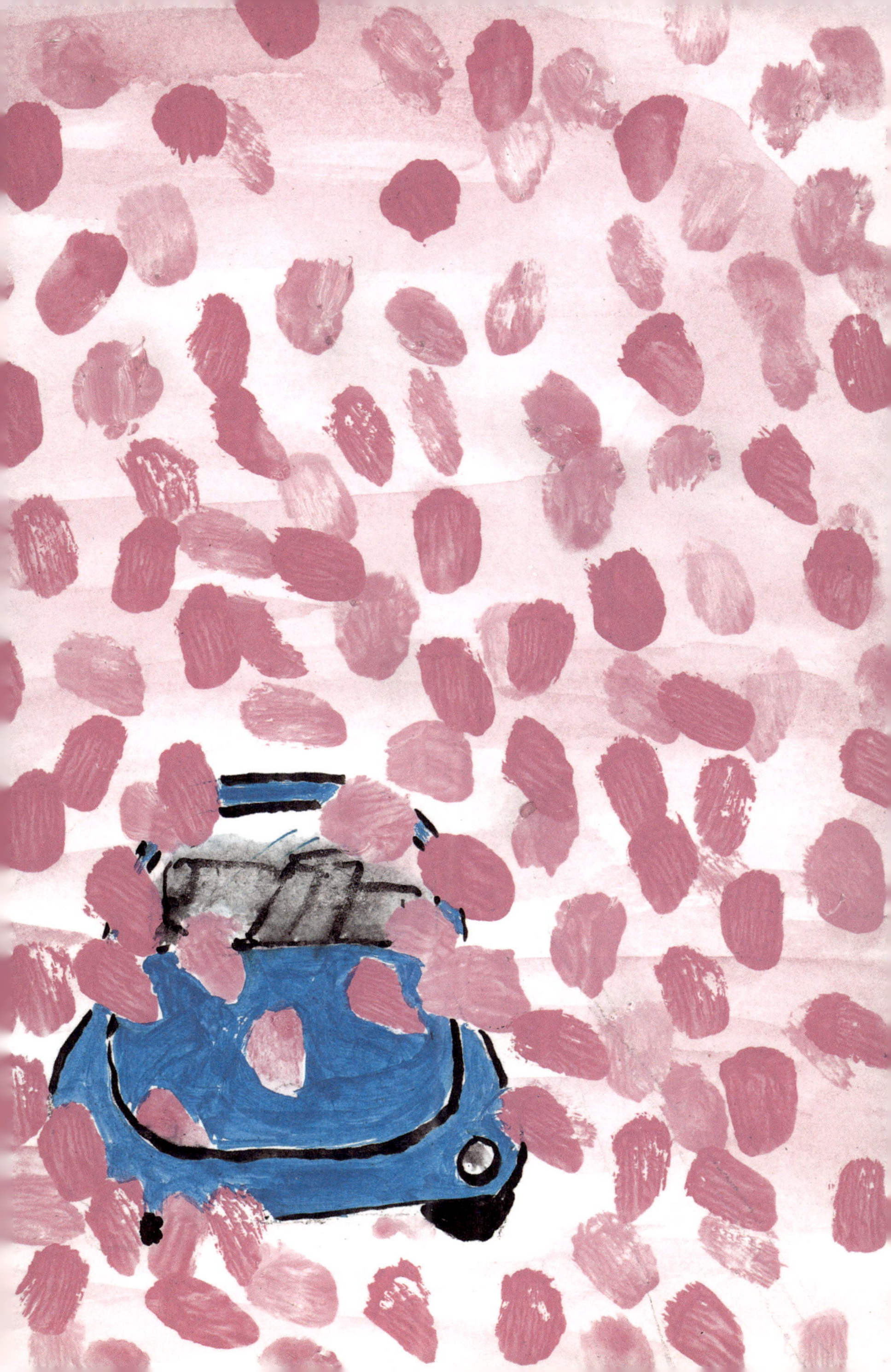

꽃살이 일흔 살이면 꽃이지!

초판 1쇄 인쇄 2021년 12월 1일
초판 1쇄 발행 2021년 12월 6일

글과 그림 소중애
펴낸곳 (주)거북이북스
펴낸이 강인선
등록 2008년 1월 29일(제2020-000242호)
주소 04091 서울특별시 마포구 토정로 222
한국출판콘텐츠센터 210호
전화 02.713.8895
팩스 02.706.8893
홈페이지 www.gobook2.com
편집 오원영, 류현수
디자인 김한나
디지털콘텐츠 이승연
경영지원 이혜련
마케팅 성홍진
인쇄 지에스테크(주)

ISBN 978-89-6607-411-2 03810

거북이북스